JN411593

오늘의문학시인선 396

황홀한 유혹

김숙자 시집

오늘의문학사

국립중앙도서관 출판시도서목록(CIP)

황홀한 유혹 : 김숙자 시집 / 지은이: 김숙자. -- 대전 : 오
늘의문학사, 2017
p. ; cm. -- (오늘의문학 시인선 ; 396)

ISBN 978-89-5669-838-0 03810 : ₩9000

한국 현대시[韓國現代詩]

811.7-KDC6
895.715-DDC23 CIP2017019432

황홀한 유혹

■ 서시

속살 농익어
터질듯 붉은 앵두
젖은 영혼까지 눈부시다
혼자 익어 가느라
유혹 또한 많았으리

공황의 긴긴 터널
한치 앞도 보이지 않아
암담했던 내 시의 편린들
소리내어 울 수조차 없었던
젊은 날의 내 자화상

핏빛 젊음이
혼자 건너기엔
너무 모진 눈물강
유혹과 절제로 흔들리며 저어 온
찬란한 격정의 세월이여

그대 있어
신명나게 뛰어준
행복한 내 심장의 고동
황홀한 설레임으로
지금 당신에게
그 유혹 뻗어갑니다.

2017. 눈부신 팔월 청림별궁에서 저자 김 숙 자

1부 행복은 여기에 있었네

2부 글 언덕에 뒹굴던 날

3부 넝쿨장미에 고백하고 싶은 말

4부 청림별궁 예찬

5부 유등천 스케치

6부 킴스탈자의 손수건

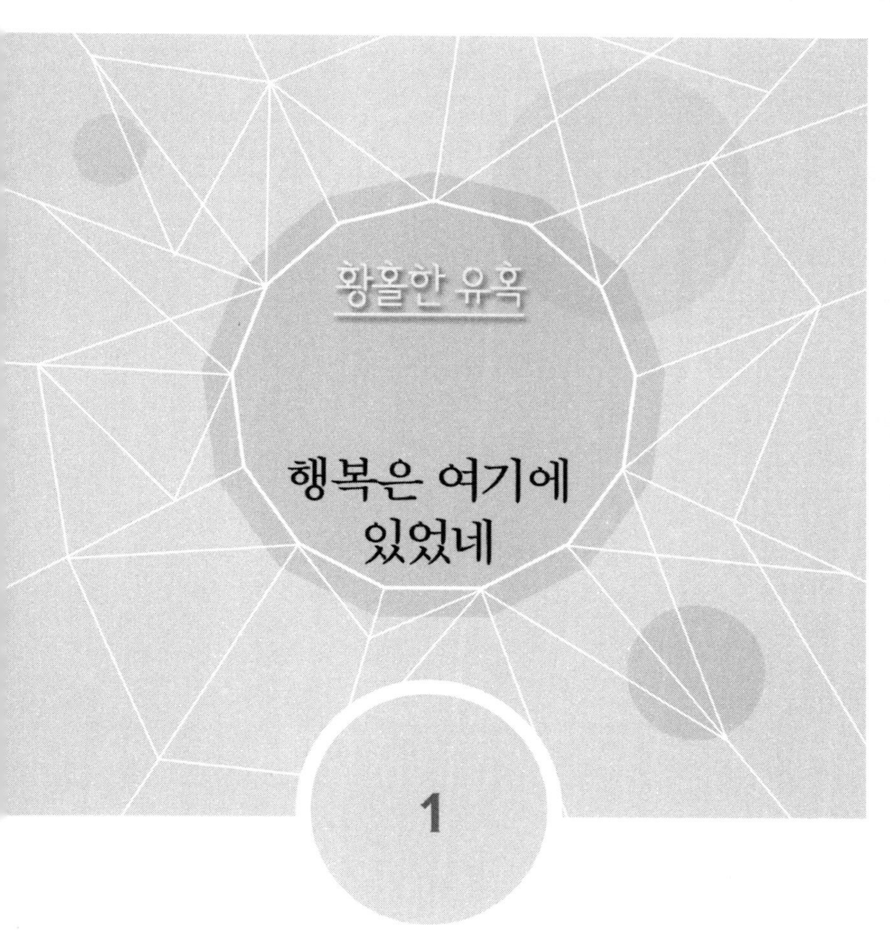

행복은 여기에 있었네

1

봄비에 휘둘려
다시 갈 걸 알지만
이제 회개의 눈길
피하지 않겠습니다

나룻몰 연가

청아한 동학의 서기 오롯이 품고
고즈넉한 섬진강 자락 휘감고 있는 나룻몰
질곡의 통한 세월 아스라이 돌아 나와
가슴 설렌 철길 기적소리 그리워라.
정겨웠던 동구 밖 추억어린 방죽거리
나룻몰 추억담 고스란히 담겼어라.

공골 구멍 사이로 끌어안은 수줍은 유년
청계동 푸른 치맛자락에 투망 던져
은어 낚아 올리시던 선친들의 풍류
심장 뛰던 내 탯자리 이리도 아련한데
지금 호젓한 미루나무 정자 맴돌며
그리움 연꽃으로 곱게 벙글고 있다.

세상에서 가장 아름다운 선물

눈으로 바라보기만도
와락 눈물이 쏟아질 것 같은
앙상한 뼈마디 사이로
무수한 세월 견디다 못해
불쑥불쑥 치솟아 오른 함성
검푸른 그 동아줄 껴안고
백내장 침침해진 두 눈으로
성스런 생명줄 매일 매일
품에 껴안고 살았습니다.

고귀한 백수 세월 눈앞에 두신
자랑스런 마틸다 내 어머니
값진 생의 고갯마루
소중스런 그 하루하루를
기도와 거룩한 성서 쓰기로
가파른 골고타 언덕길
순명 하나로 버티시며
기어이 신 구약 보물
완필의 정상에 오르신 마틸다

당신은 위대한 십자가 길
살아생전 값지게 달성하셨습니다.

장하신 어머니 오 마틸다
우리는 당신의 자녀임이
너무도 자랑스럽습니다.
우린 이제부터 당신을
거룩한 마리아로 칭합니다.
당신은 우리 오남매에게
세상에서 가장 아름다운
귀한 보물 안겨주셨습니다.

부활의 꽃

사순 내내
아픈 마음으로
당신을 기다렸습니다.
구십 여섯 골고타 언덕
그리도 힘겹게 오르시던 당신
고난의 십자가 대신 지지 못한 채
당신을 그렇게 보내고 말았습니다.

당신 떠난 뒤
내 마음 온통 광야였습니다.
이 길 가면
영영 다시 못 올 것 같은 당신
생소하기만 한 네 발 지팡이
십자가 지시듯 온몸에 내맡기며
당신은 그렇게 사위어 갔습니다.

이별의 순간
차마 안녕 고하지 못했습니다
아쉬움 뒤범벅된 사순의 시간
그 붉디 붉은 거룩한 피의 부활

당신은 왕벚꽃으로 다시 오셨습니다
그 환한 미소에서 어머니도 만납니다
봄비에 휘둘려 다시 갈 걸 알지만
이제 회개의 눈길 피하지 않겠습니다.

화전놀이

나 어릴 적
봄만 되면 우리 엄마
화전놀이가 생각납니다.
연분홍 치마저고리 곱게 차려입고
누구보다 허리 낭창 휘어질 듯
한복 자태 고우셨던 내 어머니
진달래 철쭉 만개한 봄놀이 땐
단연 울엄마 미모 꽃보다 돋보였으리.

오늘 낮 베란다에 울엄마 오셨습니다.
분홍 한복 곱게 차려입고
화전놀이 때 춤추시던 친구분들과
잠자리 날개옷으로 살포시 오셨습니다.
어찌나 반갑고 예쁘던지
넋을 잃고 바라봅니다.
화전놀이 다녀온 날이면
이기지도 못한 동동주 한 잔에
분홍 치마저고리도 술에 젖어
그야말로 난초꽃이 되어 오셨습니다.

지금은 구순의 세월 적요히 보내시지만
내 어머니 꽃다운 시절은
꽃봄 화전놀이가 최고였으리.
아, 내 어머니 인생 그때가 절정이셨구나.
왠지 낮달맞이 앞에서 눈시울이 붉어집니다.

팥칼국수

그리움에도 도수가 있는가
한여름 열기에 취기도 달아오른다
그리움도 복더위처럼 폭폭 찌는 날이면
으레 붉은 팥국수가 우위를 점한다.
뜨거운 속마음 확확 휘저어보면
밀가루 음식은 언제나 하위였다
국수를 미는 날이면 아빠와 난
따로 밥상을 차려주곤 했으니까

세월이 상승곡선을 타고
새삼 어머니 나이를 먹고 보니
그리움의 도수는 자꾸만 극을 치닫는다
평소 좋아하지 않았던 팥국수도
모자란 밥 대신하던 수제비도
새알 비벼 넣은 누런 호박죽도
이젠 그리움의 쌍곡선을 이룬다

복더위가 극에 치달은 날이면
넓은 뒤란 툇마루에 모여 앉아
뜨끈 뜨끈한 닭다리 뜯어주시며

먹음직스레 퍼담아 준 붉은 팥국수
이열치열로 복더위를 이겼던
내 어머니 손맛표 팥칼국수
올 여름 추억 시장에 상한가를 친다.

쑥 꿈

냉이꽃 눈웃음 지며
꽃노래 불러주는 봄언덕
손톱 밑까지
파란 쑥물이 들고
마음밭에도 쑥들이 춤을 춥니다.

봄 쑥국에 풍덩
몽글몽글 쑥떡에
동글동글 쑥개떡에
혀끝까지 감도는 쑥차까지
내 몸 온통 쑥향으로 가득찹니다.

채반 가득 넘실거리는 봄빛
방안 가득 에워싼 쑥빛
쑥향기로 쑥물로 가득 찬 내 방
감미로운 터치로 찍어낸 수채화
집안은 온통 쑥빛으로 넘쳐납니다.

소쩍새 데리고
앞장선 쑥바람

쑥빛 물들인 치마 입고
쑥버무리 한 석작 머리에 인 채
오늘 밤 꿈에 울 엄마 오셨습니다.

분홍 빰에 물든 봄날 추억

봄햇살 너무도 눈부셨던 앞마당
화사한 분홍 꽃물결 내 마음밭에
그리움 수놓아준 탐스러운 왕벚꽃
봄바람 살랑살랑 불어오던 하늘가에
너무도 화려한 부케를 선물해 주었지.
지금도 그 감동 눈앞에 생생한데
봄비의 짓궂은 사랑싸움에
허망한 봄꿈을 꾸었구나.

모두가 쉽지 않은 생의 길목에서
너에게 많은 위안을 받았다.
떠나면서까지 분홍 꽃길 선물해 주는 너
부디 모두들 잘 건너시라.
밟히는 예쁜 꽃잎 즈려 밟으며
평화의 뒤안길에 다시 만나요.
잊지 못할 봄날 행복 동행

모란꽃수

울엄마 시집 올 때
섬섬옥수 수놓은
원앙금침 겹꽃수
꽃분홍색 치마를 깔고
살포시 앉은 모란꽃
어버이날 아침 친정 마당에 살포시 웃고 있네.

산천 모두 낯선 고을
맵고 짜던 시집살이
외로운 밤 홀로 섧기도 하여라.
밤이면 그리운 고향 산천 그리며
수틀 부둥켜안고 보고픔 수놓던
피눈물 같아 안쓰러운 울엄마 모란꽃수

수십 년 세월의 뒤안길에도
분홍빛 가냘픈 자태 족자로 남았네.
외씨 버선 신고 친정 나들이 갈 때
살짝살짝 밟힌 붉은 치마폭
처절한 할미꽃으로 이울었어도
그 시절 가슴뛰던 추억만큼 아직도 애닯다.

고추장 전수 받던 날

귓불이 꽁꽁 얼어붙은 날
추워야 제맛이라던 고추장
아흔 하고도 다섯 해 사신 친정어머니께
맛깔난 천년 세월 고추장 비법
더는 미룰 수 없는 시간 앉혀놓고
설 대목 문전에 서둘러 사사 받았다.

햇찹쌀 두어 됫박 바가지에 씻어
따뜻한 물에 정성껏 불려놓고
겨우내 잘 띄운 곰삭은 고추장 메주
단숨에 달려온 방앗간에서
보들보들 누우런 속살 드러냈다.

여유롭게 잘 불린 찹쌀에
축성 올린 정수 넉넉히 붓고
누그름하게 푹 퍼진 찹쌀 죽
응어리 하나도 다 풀릴 때까지
하염없이 대주걱으로 젓고 저었어라.

잘도 어우러진 하이얀 찹쌀죽
누우렇게 발효 잘 된 멀끔한 신랑과
뜨거운 애무와 사랑 불타올라
두 몸 찰싹찰싹 뒤엉키고 엉켜
밤새 빛 고운 조청이 되고 만 첫날밤

이 짜릿한 맛 어찌 잊으랴.
친정 어머니 한 땀 한 땀 공들여 지어준
내 딸 예쁜 치맛자락 솔기까지
이리도 쫀득쫀득 고운 선홍빛 노을
감칠맛 나게 물들어 버릴 줄이야.

행복은 여기에 있었네

마음이 먼저 날아가 음표를 달고
몸은 저도 모르게 춤을 춥니다
눈길만 줘도 터져 나오는 신바람
콧노래가 저절로 추임새를 넣습니다.
결코 오랜 시간 연모하지 않았지만
조건 없이 좋아지고 만 통기타
그대를 품에 안기만 해도
온몸 행복의 전율로 떨려옵니다.
나도 몰래 사랑하고 만 당신
그대와 함께라면 조건이 따르지 않습니다.
나 당신 좋아하면 안 되나요

내 마음 송두리째 흔들어놓고
잠자던 추억마저 모두 몰고 온 그대
그대와 함께라면 두려울 것도 없습니다.
출중한 가문도 화려한 명예도
타고난 절대음감에 족쇄가 차인 몸
뒤늦게나마 그대 좋아해도 되나요
나이도 아픔도 다 뛰어넘을 수 있습니다
지금 이 뜨거운 당신과의 동침

당신 안의 나 내 안의 당신
죽음 아니곤 갈라 놓을 수가 없네요
당신 없는 행복 내 안엔 없답니다.

베르게니아

— 히말라야 바위취

당신의 뜰이
이리도 고운지
오늘에서 알았습니다.

당신의 심지가
그리도 깊은지
봄 문턱에서야 깨닫습니다.

너무 오랫동안
당신 부재 속에서
원망의 키만 웃자라더니

봄 여름 가을 겨울
그렇게 서른 세 해 가도록
당신의 꿋꿋한 자태
넓직한 이파리에 가려
옹이 서린 한겨울 허공 품고
이제야 배시시 미소 짓는 당신

숨결 고운 그루터기 밟고
고즈넉한 기침 소리로
추녀 밑에 웅크리고 계셨을
내 아버지 숨결이여
세모의 문턱 찬 바람결에
당신 사랑 못내 눈물로 벙급니다.

당신의 세월

1

세상 모든 연민 안고 품어
그리도 우아하게 반짝이던 당신
솜씨 맵씨 신사임당에 버금 갈
세상에서 절로 아름다운 당신
구십 여섯 그루터기 위의 당신
한눈 팔며 잠시 소원했던 사이
너무 가파른 산 홀로 넘으셨나봐요.
당신 참 모습 이게 아닌데
당신 열정 그렇게 혁혁했는데
왜 이토록 몰라보게 달라졌나요

2

당신과 도란도란 주고 받던
사랑의 대화 다 어디로 갔습니까
생명처럼 아끼던 성경 소리 없이 넘기며
세필로 정성껏 흠모하던 영성
누가 그 손길 놓게 했습니까
침 마르도록 줄줄 읽으시던 복음
절절한 목소리 다 어디로 갔습니까

손짓 발짓 흉내 내지 않아도
눈빛만으로 알아차리시던 센스
다 어디로 증발했습니까

3
네 딸 집에 가실라치면
여행가방 채곡채곡 챙기며
설렌 꿈꾸시던 쏠쏠한 재미
다 어디에 던지셨습니까
기쁜 발걸음 동동 내딛으며
딸들과 부푼 쇼핑 나가자고
왜 채근하지 않으십니까
딸에게 하고 싶은 말들
어디에 숨기셨습니까
이제 모든 것 다 싫다고
손사래만 강력하게 치신
그 이유를 알고 싶습니다.

4

당신께 무심했던 그 세월
당신께 다가가지 못했던 시간들
세월이 바로 도둑인가 봅니다.
아직 당신과 영화도 보고 싶고
회냉면도 사드리고 싶은데
죽음보다 싫다던 네 발 손지팡이
내치지 않고 친구로 받아들이며
서툰 걸음마 다시 배우는
그는 누구입니까
내 어머니 훔쳐 달아나려 한
세월 세월 세월
아무리 생각해도
영장 실질 심사 해봐야 할 듯 싶습니다.

산수유 앞에서

나 지금 바람 앞에 떨고 있다
진종일 보고픔으로 뒤척인
목마른 휘아 별 하나
조각조각 헤진 그 맘에
노오란 달빛 웃음
조랑조랑 매달아주고 싶다

오늘 내 맘 설레고 있다
봄빛 아롱거리는
섬진강 기차마을
그리운 기적소리로 달려가
노을빛에 튀어 오른 은어떼
반짝이는 꽃비늘 입혀주고 싶다

나 매일 밤 달려간다
고즈넉한 옥터 성당 너른 잔디밭
정 때 묻은 종소리로 날아가
세필로 주님 말씀 필사하며
골고타 언덕 힘겹게 오르시는
마틸다 메마른 어깨 주무르며
추억의 꽃대궁 만들어놓고 싶다

모란꽃 피는 날엔

섬진강 줄벚꽃 만개하여
천리 길 꽃수로 이지러진 날
고향집 지켜오던 정든 꽃 모란
망울망울
소쩍새 앞장 세우고
뻐꾸기 울음 뒤따르며
연분홍 치맛자락에
울엄마 바느질 솜씨까지 데리고
내 사유공간으로 이사왔다

분홍 보자기 속에 함께 싸매 온
세필로 쓴 어머니 구약성서
거대한 작업 마무리하고
얼마나 육천 마디 무너져 내렸을까
몇 십 년 인고의 때 고스란히 묻은
한 뼘 남짓 어머니 성서 완본
아흔다섯 골고타 언덕 오르시며
얼마나 많은 피울음 흘리셨을까
받는 순간 온통 눈물이고 기쁨이다

어머니 굽이굽이 살아오신
십자가 길에 흘린 인내와 기도
봄 하늘 함초롬히 꽃 피워낼
곱고 조촐한 영성의 뜨락에
꽃분홍 모란꽃 피는 날엔
다섯 남매 모두 축배를 올리리라.

샛노란 낙엽비

– 은행잎 쏟아지던 날

가을 가로수 길에
노오란 나비 떼들이
윤무를 하고 있다.
하도 예뻐 가던 발길 멈추고
그들 따라 나도 춤을 춘다.

하염없는 먼 길을
두려움도 없이 떠난다.
하나 둘 그리움이 모여
아름다운 군무를 이루며
가을 하늘 노랗게 물들인다.

나비 떼들의 황홀한 날갯짓
일시에 흩뿌려지면
행복한 날 뒤에 오는 눈물같은
노오란 행복비 소리도 없이
가슴 속으로 쏟아진다.

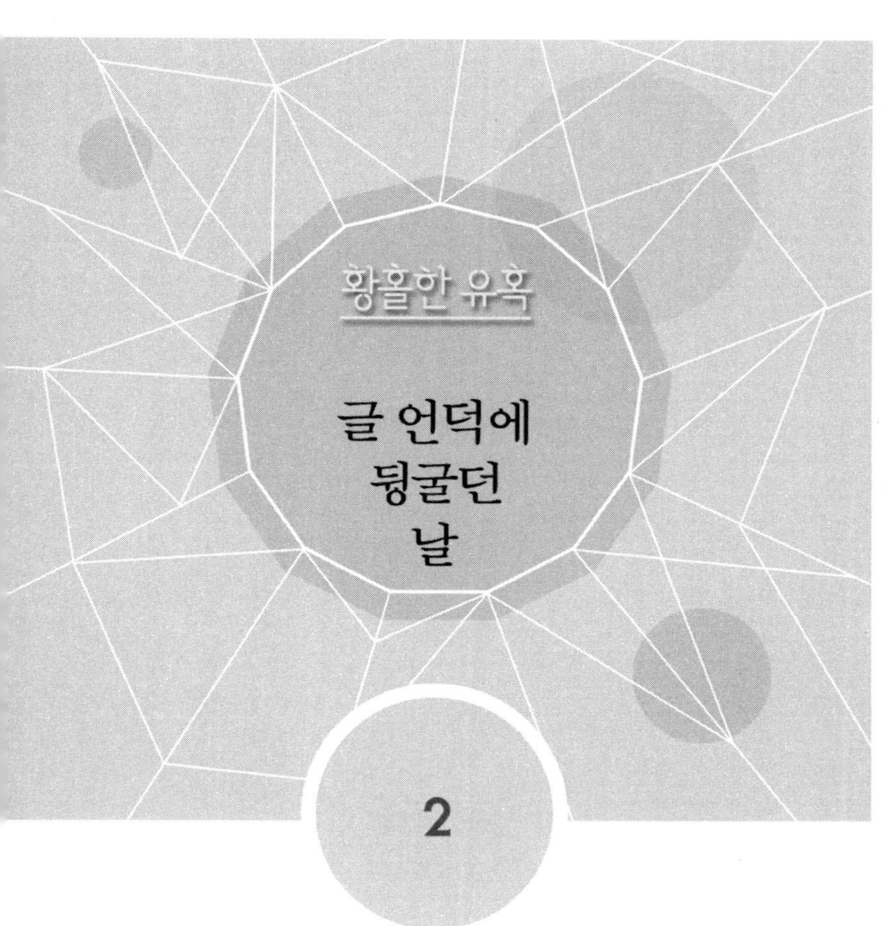

당신 안의 나 내 안의 당신
죽음 아니곤 갈라 놀 수가 없네요
당신 없는 행복 내 안엔 없답니다.

통기타

삶이 달콤한 실루엣으로
눈앞에 서성이는 시간
서툰 통기타에 연민이 어린다.
시나브로 내 유년이 뒤따라오며
추억은 새록새록 춤을 추고
노래가 시에게 말을 건다.

인생의 잔영이 눈물 겨운 날
나 풀피리 불며 목동이 되리라.
그대 있어 노래는 시가 되고
시가 추억의 추임새를 만날 때
통기타 붙잡는 매혹의 순간
행복은 조붓하게 내 안에 있다.

누름돌

오다가다 눈길 마주쳤던
거북등 같은 검은 돌 하나
버려진 모퉁이 돌 주춧돌 된다더니
이를 두고 한 말일 게다.

불볕더위에 오이지 담그려고
팔팔 끓여 부은 복더위에 불더위
꼿꼿한 성미 누그러뜨리는데
이만한 게 또 있을까
그토록 요긴한 누름의 미학

절임의 고통으로 탄생한
또 하나 운명 교향곡
맛깔난 오이지로의 변신
짭조름한 육즙 속시원히 토해놓고
쫀득쫀득 아삭거린 누름의 반란

봄 궁

봄꽃 앞다투어 피어나는 날
봄도다리 덩달아 펄쩍펄쩍 튀어오른다.
허연 뱃살 넉살스레 펼쳐 보이며
탱글탱글 윤이 도는 근육질 몸매
엎치락 뒤치락 퍼득이는 젊은 날 패기
봄비 속에 회춘한 화려한 봄날이여

곁눈질 속 밀어가 가관이로다.
쭈꾸미와의 달콤한 봄궁에 들다
비오는 날 한치 부끄럼 없이
남루한 남비 안에서 사랑의 세레나데
뚜껑 들썩이며 무르익어가는
도다리 쑥탕의 뜨거운 애무

젊은 날 칙칙한 실루엣에 겹쳐
찡하게 목이 메어 온다.
그래도 내 인생 한 때나마
화려한 봄 날 있었으니
어찌 봄도다리 쑥탕
봄 쭈꾸미 샤브에 견주랴.

껍데기라 얕보지 마라

혼자 이루어낸 것처럼
자칫 교만해지는 세력 뒤켠에
으레껏 천대 받고 마는 껍데기
그가 없다면 세상 무엇으로 지탱할까
껍데기 없이 어찌 속 영글 수 있을까
모태로 이어진 가느다란 실핏줄 하나
내 가슴 뛰게 하는 심장 에워싸듯
숭고한 삶 내보내는 숨
널 에워싼 껍데기이다.

피를 뛰게 한 것도
결실 여물게 하는 것도
껍데기 없인 불가능하다.
연한 껍질에 촘촘히 둘러싸인
수백 개 영근 옥수수 알갱이도
혼자 익을 순 없다
햇빛에 잘 익은 붉은 사과 한 알
남산만한 배불리며 속살 익힌 넉넉한 수박도
껍데기 없인 독자적 행보 있을 수 없다

사순의 사랑

서걱이던 영성의 가지마다
얼어붙은 아픔 모여 앉고
떨리는 가슴 자락마다
뜨거움과 마주친
눈물겨운 사순의 봄
두려움에 가슴 젖습니다.

허약하기 이를데 없는
부끄러운 나의 영성에
차마 발걸음 떼지 못하시고
사랑 보약 정성껏 달여
가슴 가득 부어
내 안에 질펀하게 녹아듭니다.

깊고 오묘한 그 약속
숨죽은 가슴 다시 달구며
십자가 사랑 우러르게 하는
눈물겨운 사순의 사랑
회개의 강 건너 보속의 재 너머로
환희의 부활 뜨겁게 어른거립니다.

꽃 몸살

— 성월의 넝쿨 장미

겹겹이 멍울진 상흔 안은 채
퉁퉁 불은 젖 꺼내놓고
한 점 부끄러울 것 없는
세상에서 가장 홀가분한
그대 아름다운 어머니여
바라만 봐도 안타까운 자식 입에
붉은 젖꼭지 물려놓고
꼴딱꼴딱 맛나게 젖 넘어가는
아름다운 생명의 소리
천륜으로 매듭진 흠모의 정
오월 하늘에 더 시뻘겋구나.

세상 어머니들 가슴마다
쉽게 넘긴 시련의 강 있었을까
스러지지 않으려 숨어 앓았을 꽃몸살
어머니이기에 참을 수 있었다.
검붉게 타고도 남을 잿더미 가슴
숙고의 모진 언덕까지 감내했던
그대 고운 이름 어머니여
영성으로 달아오른 성월은

그대에게 세상에서 가장 빛 고운
장미 꽃다발을 바쳤노라

간월도에서

늘어진 해송 비스듬이 누여놓고
어슴프레 해 질 무렵 잔잔해진 어머니 품
한솥밥 먹는 식솔 모두 챙겨 보내고
낙조 고운 얼굴에 쏟아부은 회심의 미소
오만으로 넘쳐나는 세상 향해
깃털의 미학 가르친다.

누구 하나 반칙으로 쓰러뜨림 없는
철새들의 철저하고 물 샐 틈 없는 회기
풍진 세상 찬바람에 비상 꿈꾸며
서슬 퍼런 담금질 그 몇 번이었을까
간기로 몸 절인 채 펼친 아스라한 윤무
간월암이 길러낸 천상의 마에스트로

그대 화신이여

– 동학사 벚꽃 길

내 품에
와락 껴안고 싶다
두 눈 감은 채로
저항 없는 포로가 되고 싶다.

눈 뜨면
그대 고운 잔영
눈앞에서 사라질까봐
송두리째 포획해 벚꽃 배 띄우고 싶다.

떠돌다 떠돌다
달무리에 덥쳐 좌초되거든
시들지 않은 사랑 꽃둑 쌓아
님의 바다에 봄밤 가득 흩날리고 싶다.

글 언덕에 뒹굴던 날

두 손 맞닿을 듯한
사철 가슴자락 죄다 펼쳐보이는
낮으막한 상상의 정원
거기에 내 문학이 숨쉬고 있다
마알간 사유의 물 쉼없이 퍼올리며
잠간씩 내 눈길 머물기만 해도
은유의 글줄 나붓나붓 서리며
교감하는 내 영혼과 만난다.

그에게 조용히 말을 걸라치면
영혼에 따귀라도 맞은 것처럼
순수하고 정직한 찰나의 감성
퍼낼수록 가득찬 채찍의 우물로
나지막하게 나의 내면 깨우며
거침없는 상상의 잎사귀마다
슬픔의 찌꺼기 씻어내어
싱싱한 글비늘까지 털어준다

생명있는 모든 것들의 떨림을 보며
마음 속에 자리한 기억의 창고에서

실바람도 말을 걸고싶어
나긋나긋 귓전에 다가와
간지러운 언어의 몸 누이면
조붓이 당겨오는 감미로운 몽상
심지 깊은 내 언어의 집에선
슬픔의 등 다독이는 황홀한 시를 만난다

황홀한 글감옥

문학의 숲은 너무도 암담하다.
한치 앞도 보이지 않는 암울한
시련의 늪 스스로 헤치게 하고
질풍 노도에 흔들리는 뱃사공 되어
고독의 노를 젓게 한다.

눈물과 허공이 바다되어
그 바다에서 울고 웃고
탕아처럼 뛰놀며
글고기 낚아 올린다.
가슴에 글 낚싯대 드리우지 않았다면 어찌했을까

글은 나의 숨통이며 탈출구
너와의 결혼은 나의 숙명
글감옥은 나를 황홀케 하고
밤새 함께 뒹굴어도 싫지 않다.

감꽃 떨어지는 오월 한낮에

뜨락에서 한유하게 만났던 감꽃
어릴 적 무성한 감나무 아래서
꿀을 따가는 벌 지나칠 적마다
노오란 감꽃이 똑똑 떨어졌다.
왜 그리도 좋았던가?
왜 그리도 사랑스러웠던가?
눈부신 오월 초록 감나무 아래
떨어진 감꽃 꿰어 만든 최고품의
감꽃 목걸이가 그렇게도 좋았다.

유년의 행복했던 그 뜨락이
아파트 앞마당에서 재현되고 있다.
좀체 눈에 띄지도 않을 노오란 감꽃
오늘 세 살 박이 손주와 함께
시멘트 바닥에서 감꽃 한 움큼 주웠다.
여전히 떨리고 아름다운 감꽃
아직도 유년의 추억이 방망이질 한다.
감꽃 추억 덤으로 안은 오월 한낮에.

진다고 슬퍼하지 마라

세상에서
영원한 것은 아무것도 없다.
자신의 열정 다 해
열열히 사랑했으면 그만이다.
응축된 사랑 다 사라질 때까지
아낌없이 나눠주면 되는 것
미련 때문에 더는 뒤돌아보지 말아라.

세월 흐르는 뒤안길에
우리 다시 만나거든
모른 체 하지 말 일이다.
인연이란
몇 십억 겹의 만남이다
부디 진다고 슬퍼하지 마라
영혼의 빈 잔 감사로 채울
화려한 부활 남아있으니.

발길

이 봄
날 부르는 이 누구일까
대낮
내 발길 멈추게 한 이 누구일까
벚꽃 비 쏟아져내린
동학사 좁은 모퉁이 길
보잘 것 없는 노천카페
연회색 법복 자락 내 발길 휘어잡았다

눈길 한 번
마주치지 않았어도
손 한 번 스치지 않았어도
봄 벚꽃 아래서 날 부르는 듯
그윽하게 정제된 노승의 음색
깊은 울림으로 다가온 산사의 노래
심오한 불경보다 더 절절히
삽시간에 내 마음 저당 잡혔다.

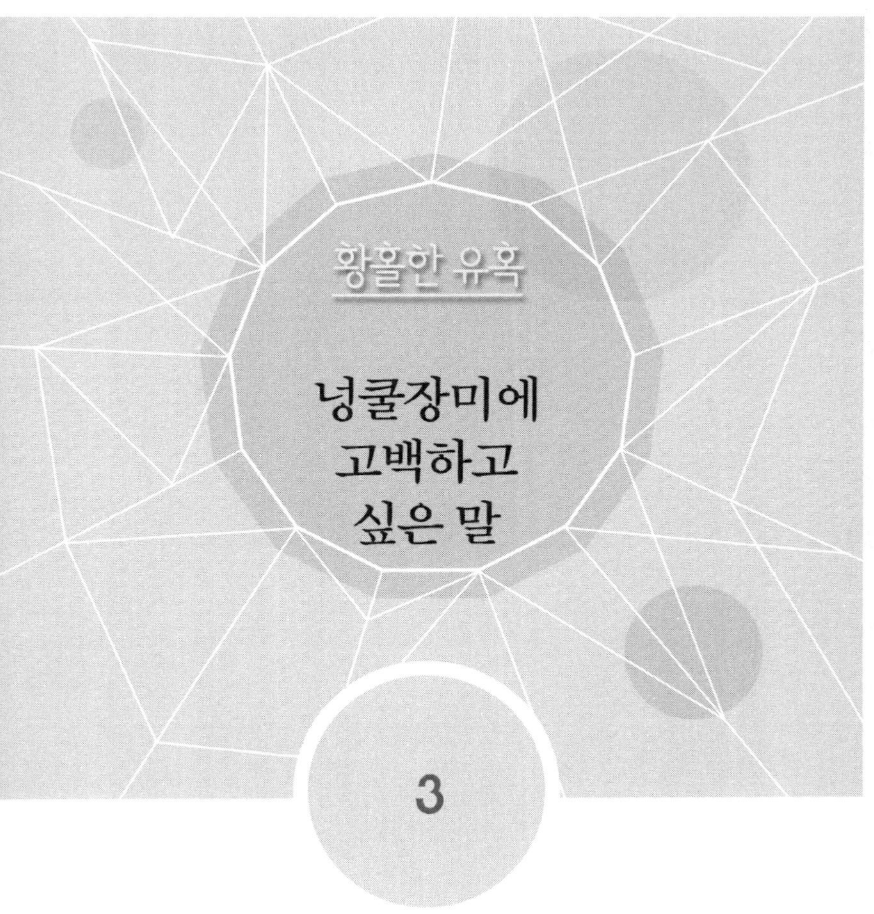

당신 안의 나 내 안의 당신
죽음 아니곤 갈라 놓 수가 없네요
당신 없는 행복 내 안엔 없답니다.

홍매 핀 사순의 뜨락

화려함으로 유혹하지 않았습니다
넉살 좋은 입담으로 구애하지 않았습니다
천공되어 꿰맬 수 없는 가슴 한 자락
분노의 칼바람으로 서걱거린 영혼
차라리 소리 없는 기도로 살라 했습니다

겨우내 시리고 아렸던 사순 골짜기
긴 방황의 부리가 몰고 온 공황
희망과 침묵으로 버텼습니다
시련이 밀려올 적마다 무릎 꿇지 않고
함께 껴안고 울었습니다

고통도 날 홀로 두지 않았습니다
한 짐 더 지고 가라 덤까지 얹었습니다.
꽃샘바람마저 슬쩍 맘을 떠보지만
끝내 영혼까지 정복하진 못했습니다
성령의 가지마다 감돌던 회개의 바람
봄 뜨락 선홍빛 다이아몬드로 빛납니다

아름다운 해후

— 거제 지심사 동백 꽃길에서

뒤척 뒤척
조바심으로 잠못 이룬
지난 몇 날 밤
긴장의 봄 항아리 몸집 불리더니
끝내 날 잠 못들게 합니다.

팔순의 장구한 세월
목말라 울부짖던
처절한 기다림
눈물 잎 피꽃 잎
그 몇몇 장이었던가

선홍빛 동백 길조차
밟을 수 없어
혼자서 울며 울며 돌던
뱃길 수 만리
이제 그리움도 접니다

지금에서 동백 꽃길
혼자 굵어진 둥치 돌아보니
시치미 떼고 앉아
호젓하게 웃어준
그대 붉은 입술 너무 곱습니다.

모진 해후의 강 건너
세찬 비바람 속에서
오늘 그대 손 잡으니
휘어 돌아온 님의 품
고즈넉해 너무 좋습니다.

군자란 피어올린 뜨락

넓지 않은 사유 창공에서
황홀한 창작 활시위
시도 때도 없이 겨냥한 허공
눈물 속시원히 닦아내주는
나만의 파란 손수건입니다.

함께 이겨낸 겨울 걷어내고
비워둔 베란다 한 귀퉁이에
봄빛 머금은 황금빛 군자란
온 집안 광채로 번뜩입니다.

삼월 하늘에 반짝이는
그가 당당히 빛나기까지는
깊은 땅 속 풍화를 참았음입니다
하늘은 지상의 시야를 다스리고
뜨락이 그에게 자유를 인도하는
아름다운 광채 모두 품었습니다

결코 거절할 수 없는 하늘
반짝이는 보석 모두 담아냈습니다.

삼월의 내 뜨락은 참 살만합니다.
온통 황금빛 목가가 울려 퍼집니다.
화려한 땅 속 그리움 모두
붉은 별로 내려와 앉아있습니다.

추억 길

모처럼만에
여유로이 나선 대전역
그 추억의 길 위로
나붓나붓 서글픈
눈발이 내립니다
따끈한 가락국수 한 사발
시린 속 달랠 수 없었던
아침밥 까지는
내게 너무 사치였습니다.

잠시 되돌아오니
인생길 이리도 잠간인 것을
위로받지 못한 내 추억의 얼래
아직 플랫폼에 떨고 있습니다.
따슨 옷을 덮어주며
갖은 위안 다 해봐도
여전히 떨고 서 있는
삼등 칸의 내 자화상

이젠 제발
울지 말거라
멈출 수 없었던 열정
동동거리며 내딛었던
그 시련의 발자국들이
찬란한 눈꽃 되어 아려옵니다
부디 슬프지 말거라
아름답고 소중했던 내 추억 길아

변산의 봄빛

앞 다투어 피는 게 꽃만이 아니더라.
빛 고운 봄 변방에
형형색색 물감 풀어
새롭게 피어난 산뜻한 봄꽃
바람 따라 알록달록 무리지어
채석강 곱게 물들입니다

들길 따라 바닷길 따라
조곤조곤 피어나는 이야기
봄빛 내려앉은 옷 갈피마다
향기 되어 강가에 흐드러집니다
해풍 맞으며 갈매기 데리고
반갑게 마중 나온 채석강
자연의 손길로 빚어낸 아름다운 보물

자연과 내가 하나되어
웃음소리 어우러졌던 변산반도
초록 들판에 깔린 아름다운 유채꽃
갯가 따라 이웃집 마실 가듯

걷고 또 걸었던 변산 마실 길
가슴에 담긴 아름다운 추억의 봄빛
적벽강 노을로 색칠해놓고 싶습니다.

넝쿨장미에 고백하고 싶은 말

풋풋한 오월 담장에 붉은 장미 너무도 곱다.
흐드러진 채 소담히 걸어 놓으면
화폭에서 그냥 작품이 될 것 같은 너
잘났다고 뻐기지 않아도 너무 눈부시다.
함께 있어 모두 아름다워지는 오월
네게 하고 싶은 말이 너무 쌓였나보다.
혼자선 차마 하지 못한 말
저녁나절 붉은 와인 한 잔 앞세워
사랑하노라.
처음으로 쑥스러운 고백을 해본다.

작은 귓속말 도란거리며
담벼락에 기대면 가슴 콩콩 뛰게 하고
바라만 보아도 황홀해지는 너
어머니 가슴에 달아드리면 시가 되고
연인의 손에 쥐어주면 고백이 되고
아가에게 꽂아주면 사랑이 되어
예쁜 오월의 여왕이 된다
오늘 너에게 감사의 인사 한 마디
꼭 전하고 싶다.
사랑한다고.

사랑 증후군

허허로운 마음 밭
스쳐지나지 않고
속잎 사알살 흔드는
속삭임으로 앉을래

식솔들 밥상 위
고명 이파리 하나
사알짝 더 얹히듯
살뜰한 꽃 애교로 다가갈래

무관심이 빚은
칠흙 빛 불통
슬그머니 걷어내고
달달한 소통으로 안길래

팍팍한 삶
구름 끼어 어둡다고
햇살과 산들바람
어느 한 편만 들지 않잖아.

제암산의 하룻밤

초록물 뚝뚝 떨어져내리는
휴양림의 하룻밤
청량감에 온몸이 싸늘하기까지 하다.
선잠으로 뒤척였던 지난 밤 찌꺼기도
녹색 물방울이 말끔히 씻어준다.
아! 사월의 아름다운 꽃 밤
오늘 영험한 제암의 품 속에서
나도 제왕이 되었다.

녹차향 오롯이 밴 하루
온 몸이 향그러움으로 넘쳐난다.
허공 맴돌던 매미울음도
오늘 제암산에 압도당했다.
아흔아홉 힘겨운 굽이굽이
봇재 돌아 나온 녹차바람
득량만 푸른 물결까지 데려왔구나.

부질없는 상념 떨궈내지 못하고
그토록 무겁게 달고 다녔던가
오늘만큼은 육신에 짐이 되는 일
초록 우산에 접어 두리라.

이별은 아직 끝나지 않았다

삼월 내내 보랏빛 향에 취해
옴짝달싹 할 수 없었던 황홀한 나날들
세상에서 그 누구보다 행복했노라.
눈만 뜨면 오롯이 쏟아 부은 행복 향
아직 내 가슴에 질펀하게 녹아있는데
이별은 아직 안돼.
그윽한 향 내뿜으며
내 앞에서 눈물 흘리지 마.
난 아직 널 보낼 준비
끝나지 않았다.

봄밤 가득 러브레터
밤새워 써야하고
달콤한 코티 입맞춤
내 가슴에 뜨거운데
보내고 싶지 않은 이별 앞에서
난 아직 널 보내지 않았다.
내 눈앞에서 몸 사위어가며
애절한 눈빛으로
핏빛 눈물 더는 보이지 마라
난 아직 널 보낼 수 없으니까.

시의 향기로 솟아오른 돝섬

가을 바람이 데리고 온 외로운 달빛 편지
돝섬 여기저기에 꽃시로 피었네.
마산 품어왔던 검푸른 자존
아직도 시퍼렇게 날 세우고 있는데
그대 잊었는가
피 끓던 내 자식 민주 깃발
월영대 앞에서 아직도 서성이나니
그 영혼 달그림자로 몇 번이나 나뒹굴었을까
설운 그리움으로 안긴 돝섬
네가 있어 나 피울음 멈췄다.

달 밝은 날 풀어헤친 장문의 편지
면면히 접혀 구겨진 눈물 자국
밤새 님 베갯머리에 흥건히 흘러내리리라.
눈물은 시가 되어 달로 돋고
슬픔은 달그림자로 일그러지나니
켜켜 뿜어낸 마산의 얼 오롯이 시로 솟았구나.
시의 향기 모락모락 뱃전에 닿아
뜨거운 가슴 부빌 사랑의 돝섬
하얀 달그림자로 님의 품에 노닐고 싶다.

꽃목걸이

현란한 유혹에 눈부신 도시
쉼 없이 뿜어대는 에메랄드빛 불심
휘늘어진 야자수 아래
그리움 떠받치며
탁탁한 노래로 흐르는
챠오프라야 강

강기슭 여기저기에
낭만은 익어가고
서러움 토해낼 듯
애잔함에 잠긴 수상가옥
가는 세월 낚고 있구나.
오는 세월 팔고 있구나.

기다림에 지친 카누에
소담스레 열린 수상시장
야자수 열매 몇 통 널브러진 채
꽃목걸이 건네주는 우수에 찬 눈매
가슴 깊숙이 쟈스민 향 풍기며
잔잔히 다가오는 태국의 향기여

단풍 꽃물

꽃단풍 너무 고와 눈이 부신 날
오가는 길손 힘든 발자국 마다
예쁜 낙엽 도장 꼭꼭 눌러주며
취한 듯 발그레 웃고 있는 문경의 가을
오늘 그대 손 마주잡고 걸어 보리라.
여인네 살결보다 더 보드란 황톳길
연인들 소담히 밟고 갈 꽃낙엽
흔연스레 혼자 맞으며 걸어도 좋으리
미련맞게 내려놓지 못한 부질없는 욕심
꽃바람 속으로 자취 없이 보내리라.

한때나마 열망의 불씨 짊어지고
성공 꿈꾸고 싶은 자 여기 모여
한 서린 아리랑 굽이 길 울며 넘었으리.
힘겨운 삶의 고비마다 눈물로 오른 문경
우리 인생사 어디 수월한 게 있었던 가
아직 아무것도 얕보지 말지어다.
살아볼수록 더욱더 고비 많은 인생길
낙엽 한 장도 수고없이 물들지 않았으니
너무 고와 아팠을 저 단풍들
쳐다만 봐도 내 맘에 눈물강이 흐른다.

봄 산

하늘 강 송두리째 풀어놓고
세상에서 가장 깨끗한 봄타올로
찌든 때 닦고 있는 산등성이
간질이는 겨드랑 쭉지까지
깨끗이 목욕을 시켰습니다.
손때 묻은 골짜기도 벗겨 빨고
손에 닿지않은 능선까지
세상에서 가장 예쁜 새옷으로
저마다 봄빔을 선사했습니다.

몰라보게 말끔해진 봄 산
너덜너덜 펄럭거리던 가랑잎
보드라운 입맞춤이 시작됩니다.
마주보던 서로가 서로를 놀라워합니다.
때때로 앉아놀던 그루터기에도
새움 돋아 반짝거립니다.
다람쥐 드나들던 고목 구멍에도
연녹색 커튼을 달아주니
봄산은 신혼 분위기 최고조입니다.

아름다운 휴면

– 모란꽃 이후

그토록 보내고 싶지 않았던 님은
올봄 기어이 내게 이별을 고했고
눈물보다 고왔던 그 입술은
내 기억속에서 가장 아름다운
킴스탈자의 손수건으로 남았습니다
너무도 황홀했던 그 순간 순간
한 시도 놓치지 않으려고
자다 깨어서도 뛰어나가
사랑의 셔터를 눌러댔지만
지금은 유일한 내 시공의
아름다운 갤러리에서
가장 고고한 자태로
휴면을 취하고 있습니다.

죽어도 떠나보내기 싫었던
눈부신 연민의 나날들
넌 어느 하늘 어느 골짜기에
아름다운 나의 별이 되어 있을까
고향집 뒤란 정든 어머니 품 떠나
올봄 홀연히 내 안에 찾아와

뻐꾸기 노래로 사랑의 불씨
이리도 활활 지펴놓을 줄이야.
고요히 잠든 한밤중에도
잠자리에서 벌떡 일어나
입맞춤으로 시작된 사랑의 열병
지금은 너무도 초연하게
다둥이 출산 마쳐 놓고
정연히 제자리에 돌아와
아름다운 산후 우울에 젖어있습니다.

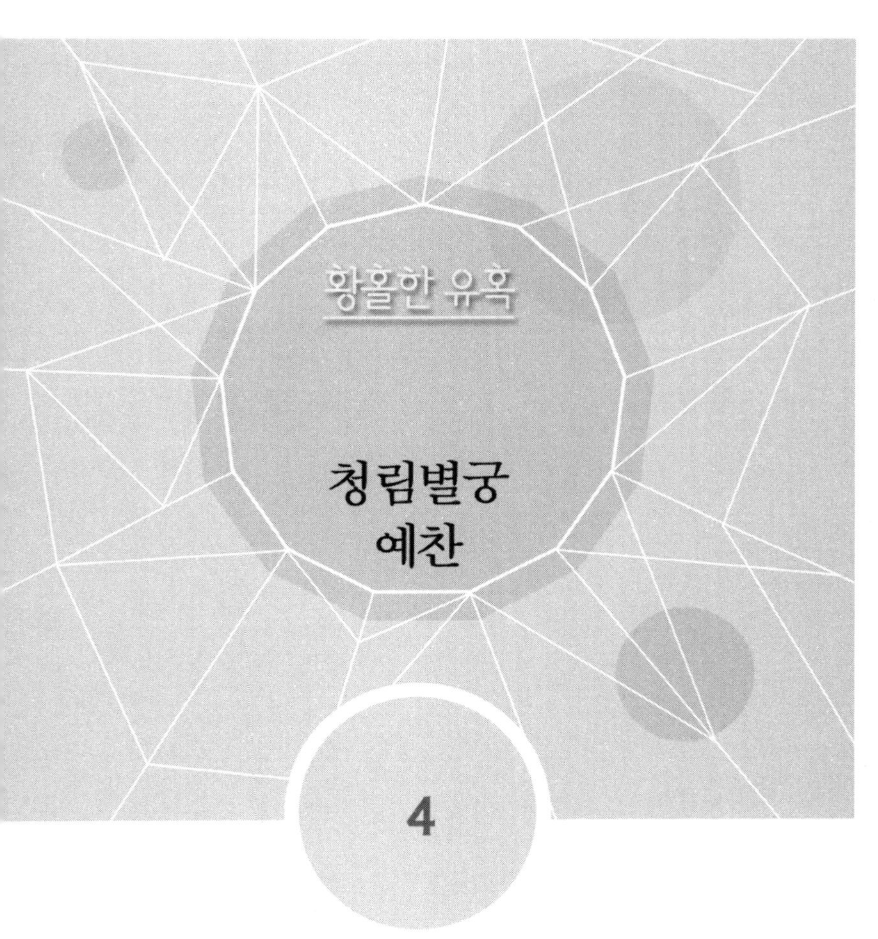

황홀한 유혹

청림별궁 예찬

4

숨 죽은 듯 고요의 잔디밭에
눈부신 하트 크로바
수려한 꽃방석을 짜놓았구나

봄 까치꽃

별빛 또랑또랑 내린
먹감나무 아래 남새밭
혹독한 겨울 혼자 이고
겨우내 내방쳐 둔
별궁 뜨락 혼자 지켰지
초록치마 펼친 시금치
나복나복 들려주는
봄동의 노래 듣고
부끄럼 없이 꺼내놓은
파르스름한 개불알

봄마당 눈부신 햇살로
수줍게 웃는 봄 까치꽃
터질듯한 치마 비집고
알알이 들어와 박힌
의기양양 개선장군
얼얼한 얼음 붓으로
밭이랑에 그린 까치웃음
봄바람 꼬리 살살 흔들며
찍어 그린 봄 수채화

봄꽃에 정신을 빼앗기다

움츠렸던 앞산이 기지개를 켜고
봄바람 소곤소곤 카톡을 보내니
꽃들은 야심찬 준비운동을 하며
누가 먼저 몸 내밀까 고민에 빠졌다.

눈치 빠른 복수초 출발선에서
언 눈 떠밀며 제일 먼저 애교를 떠니
난쟁이 민들레도 동감이라며
돌 틈새에서 쌩긋 웃는다.

언 땅에서 맨몸으로 얼굴 디민 백목련
실오라기 하나 걸치지 않고
부끄럼없이 내 살결 어떠냐고
뽀오얀 속살로 기염을 토한다.

양팔 한껏 벌려 예쁜 꽃전등 달아놓은 벚꽃
화려한 터널까지 만들며 기를 팍 죽인다.
입술 바짝바짝 타오른 연산홍
빨강 분홍 흰색 친구들 모두 불러내
칼라풀한 몸매로 봄을 현혹시킨다.

꿀벌 가족 살차게 키워주는 달콤한 아카시아
봄바람 앞세워 바람향기로 제압을 하니
매혹적 정자에 쉬어 가라는 등꽃
보랏빛 등 밝혀놓고 시 한 수 읊고 가란다.

오월의 청림별궁

연무천사에 첫 발길 닿자마자
그리움 꼬옥 껴안은 완두콩밭 콩꽃들
얼굴 먼저 만져주고 가라고
목을 붙잡고 아양을 떨고,
밭고랑 사이 키 큰 옥수수
예쁜 수염 내밀며 건재를 과시한다.

잔디밭에 조붓조붓 피어있는 노란 민들레
홀씨 키워놓고 비누방울까지 날리고 있다.
앙징스런 새 솔방울 가지마다 매달아놓고
지나가는 참새떼 불러들이는 소나무
심심하긴 성모님도 동감이신 모양이다.

밀짚모자에 장갑을 끼고
성급히 텃밭으로 달려가니
질경이 개망초 민들레 푸른 속살
풀틈에서 아기살결보다 보드랍다.
원추리 뒤에서 잔뜩 몸을 키운 머위
오늘 저녁 봉동이 밥상에 오르고 싶단다.

툇마루 끝에서 느긋이 내다 본
오월의 편안한 들녘
연록빛 아기모 받아들이려고
가슴 찰랑찰랑 물 가둬놓고 있다.
이따금 불청객처럼 빈손으로 찾아와도
사랑 가득 시 가득 채워주는 청림별궁
이곳에 머물며 글 쓸 이유가 바로 여기에 있다.

구월의 협연

들녘 잘 익은 벼이삭들
지평선 위에 황금빛 덧칠해놓고
보드라운 안개비 감겨오는
별궁 앞마당 채전밭에
연둣빛 배추꽃 줄맞춰 앉았다
아침 이슬 함초롬히 머금은 채
골골이 환한 웃음으로 답하며
가을과 아름다운 협연을 기획한다.
연주장에 행여 흙 튀길까 봐
보드란 잔디 목가지 덮어주니
긴장감에 불협화음을 낸다

연무천사*엔 이제 막이 오르고
앞마당 분위기 서서히 무르익는다
취기 도는 볼그레한 약대추
알몸 비벼대며 비파를 타고
세상에서 가장 수려한 족두리 쓰고
궁중무로 시선 끈 눈부신 꽃무릇
사랑의 그물망 사방에 펼쳐놓고
흥미진진한 휘몰이까지 선보인다

여치 쓰르라미의 멋진 앙상블
가을 연주에 한껏 몰입된 고추잠자리
허공에 나래 접고 음악에 심취했다.
별궁 입장료는 누구나 무료
객석 다 못 채워도 무르익어가는 무대
구월은 빼어난 엔터테이먼트다.

* 연무천사 : 연무대에 개축한 청림의 창작실. 아름다운 안개처럼 글이 솟아오르리는 집.

이럴 순 없다

늦은 봄 정성껏 심은 씨감자
밀린 집세는 고사하고
집 전화마저 뚝 꺼놓고
밤새 도주를 했는지
숭숭 뚫린 검은 문구멍
빼꼼히 열어놓은 채
감감 무소식이다.

뒤질세라 눈치싸게
옥답 점령해버린 풀무더기
월세 한 푼 안 내놓고
밭고랑까지 통째로 독점해 버렸다.
미안함이란 찾아볼 수도 없고
무서운 유치권까지 행사하며
경매까지도 두렵잖단다.

강제 철거에 들어간 밭지기
시뻘건 두건 뒤집어쓴 채
철거업자 보란 듯
무딘 호미 날로 사정없이 심장을 긁어댔다

기암괴석 보듬고 오르는 날보다
온몸 파스로 덕지덕지 단장하며
몸 추스르기 바쁜 선 농사꾼이여

청림별궁 김장 날

어리디 어린 모종배추 심어놓고
참으로 계모 독하기도 하여라.
젖배 곯을 자식 생각에
한숨인들 몇 백번이나 쉬었을까
어린 딸 시집 보낸 아픈 가슴에
보고픔의 눈물독 차고 넘쳤으리.

계모보다 더 지독한 별궁마님
행여 귀한 딸 시집살이 못견디고
집으로 쫓겨올가봐.
매일 밤 눈물로 지새운 봉동리
설움 그리움으로 차올라 덩실한 배추 포기
임금님 수라상에 올리고도 남아라.

동네 아낙네들 이고지고 찾아온 양념
암팡진 배추 포기마다 정스레 비빈 김장
세상 그 어디에도 그 맛 없으리라.
정으로 한 켜 사랑으로 한 켜
얼기설기 비빈 나박지
담장 옆 묻은 김장독에 가득 차다.

하트 꽃방석

기나긴 밤 만날 수 없었던
별궁의 애처로운 가족들
닫혔던 대문 열자마자
그리움에 사무쳤던
편지꾸러미 내던지며
성급히 초록 꽃방석 내놓는다.

겨우내 추위에 움츠리며
울며 떨던 허공의 세월
얼싸안고 살았으련만
숨 죽은 듯 고요의 잔디밭에
눈부신 하트 크로바
수려한 꽃방석 짜놓았구나

어떡할까나
어떡할까나
밤마다 눈물 끌어안고
달빛으로 빗었을 네 꽃방석
금잔디 속살 칭칭 감은 죄로
봄볕 말 못 할 선고가 내려지다

대추 말리던 날

언제부턴지 모르지만
바로 귓전에서 달달한 밀담을 주고 받는다.
애써 들으려 하진 않았건만
베란다에서 들려오는 달착지근한 밀어
저절로 귀가 솔깃해졌다.
대추나무 위 목쉰 말매미 한 마리
붉어진 내 몸 어루만지더란다.
해묵은 대광주리 너머에서
순탄치 않은 눈빛으로 바라보던
희끄무레한 붉은 고추 한 무더기
부러움인지 시샘인지
야유까지 던지며 엇박자를 놓는다.

누군 달달한 사랑 받을 줄 모르나
애시당초 서방님 얼굴은커녕
발자국 소리조차 들어보지 못했단다.
그래도 한 울타리에 살았으면서
어찌 그리도 상반된 의견 내뱉는지
칸막이 방벽에선 매몰찬 서방님만
냉혹하다고 투덜거린다.

상추꽃 한 움큼 눈부신 별궁에서
소슬바람과 노닐던 옛일
벌써 까맣게 잊었나보다.
그래도 눈썹에 함께 핀 눈꽃 달
쪼골쪼골 이마의 줄무늬 누구 작품이지.

청림별궁 예찬

오랜만에 한 번씩 찾아온 별궁은
나에게 산소이며 엔돌핀이다.
이름 모를 풀들 터벅터벅 자라있어도
원망대신 신선한 먹거리까지 챙겨주는
나의 또 하나 어머니다.
홀로 내방쳐 둔 묵정밭이지만
생각 가지 키워주고 상상 나래 펼쳐주는
내 절절한 문학의 산실이기도 하다.

개구리 울음소리 되찾아오고
벌나비들 입맞춤 눈앞에 다가오고
살아있는 미네랄 덤으로 얹어준다.
어디 그뿐인가
오염된 토양에서 더 이상 설 곳 없는
몸에 좋은 먹거리 수두룩히 품고 있다.
눈 귀 코 입 잠시 어디에 둘지
전혀 예측할 수 없는 천연 바보로 만든다.

면역력에 좋다는 질경이 청경채에 비할 수 없고
입에 쓴 게 보약이라며 입맛 돋우는 씀바귀

몸에 좋은 귀한 인삼과도 견줄 수 없다.
보기에도 아름다운 노란 민들레
멋진 샐러드로 꽃과 어우러져 놀러오고
질경이와 버무리면 비빔밥이 훌륭하다.
농사 망친 망초라고 홀대받던 개망초도
어린 잎 숭숭 따 무치면 망초나물로 변신하는
행복이 솔솔 피어나는 청림별궁
침이 마르도록 예찬해도 태부족이다.

행복한 해먹

홀로 꽃피고 잎피는 시간마다
이제 저제 기린목 되어
님 발자국 소리마저 그리운
고요한 연무천사

오밀조밀 채전 속에서
대파보다 쑥 커버린 풀들
심심타 못한 호박초롱
대형사고를 쳤다.

달님도 몰래
옥동자 잉태해 놓고
숱한 비바람 땡볕 속
콩콩 가슴 몇 날 뛰었을까

고추밭 이랑 잠자리가
상추꽃 위의 흰나비가
요리조리 숨겨줬지만
더 이상 숨을 곳이 없다

눈치 빠른 넝쿨손
대문 앞 찰감나무 위로
만삭 몸 숨겨줬지만
움켜 쥔 탯줄만 대롱대롱

반짝거린 초록 잎새 사이로
쏘옥 얼굴 내민 행복한 해먹

그리움 머금은 꽃무릇

여름내 잠겨진 별궁 안에서
그리움의 샘물 길어올리다
아무 기척 없는 기나긴 열대야에
초록 베적삼 소리없이 벗어 제끼고
강강술래 보름달 보며
선혈 흥건히 토해놓았다
파리한 얼굴 손 한 번 디밀지 못한 채
밤마다 은하수 건넜으리
머나먼 고향 앞마당에서
이곳까지 달려와
그리움으로 몸 내민 꽃무릇
성모님 품 안에서 이제 심심치 않겠다
외롭지도 않겠다
자애의 뜨락에서
그리움 통통 영글겠다

배추모종 하던 날

— 청림별궁에서

여름 내 땡볕에 고갈된 눈물
양동이 가득 쏟아 부으며
바짝 마른 대지 촉촉이 젖는 밤
오랜만에 밭고랑 철렁철렁
고여 넘친 인정어린 물자락
구월 하늘에 너무 부끄럽다

구름자락 사이로 살짝 몸 숨긴 보름 달
하얀 철 대문 위로 잠시 솟았다가
봉긋 내민 탐진 젖가슴 내놓고
소스라치게 놀라 뒷걸음질 치다가
움푹 팬 고랑에 빠져 슬그머니 웃고 있다.

대낮보다 더 윤기도는 두둑
첫 새벽 파란 강보에 싸안고 올
예쁜 배추아가 기다리는 이 밤
밤새 폭신폭신한 침대 꾸며놓고
몸살없이 커 주길 기도한다
그리운 호수 위 물보라처럼
별궁 사랑밭 부드러워지고
마른 땅 깊숙이 사랑이 스민다.

나 당신 사랑해도 되나요?
그대 사랑에 눈 멀고
귀 먹은 초혼으로 떠돌지라도

내 가슴 태우는 사랑꽃

– 다시 핀 난꽃을 바라보며

쓸쓸하기 그지없는 봄날
내 손에 받아 쥔 한 통의 멋진 초대장
요즘 구하기 힘든 코티분과
불란서 향수까지 꽁꽁 싸매
익명으로 안방까지 택배를 보내왔다.

가슴이 벌렁벌렁 두근거리고
누가 볼세라 얼굴도 달아올랐다.
내 인생에 다시 봄을 선물해 준 그대
오늘 너무 사랑합니다.
당신 덕분에 너무 행복합니다.

세상이 야박하게 변해가도
그대만은 날 배신하지 않았구료.
매혹적 글 향 못 지닌 나에게
내 가슴 다시 뛰게 해 준 그대
그대 사랑에 눈 멀고
귀 먹은 초혼으로 떠돌지라도

나이테

부끄러워 말지어다.
지나온 어느 작은 지점 하나
소중하지 않았던 순간은 없다.
저마다 눈물 삼키며 내딛은 삶의 족적
인생에 그대로 복사되어
자국마다 가감없이 박혔다.
뭉뚱한 작은 매듭 하나도
아픔없이 만들어지지 않았다.
고난의 언덕 비탈진 계곡
타고 내린 수고의 수레바퀴에
살아온 만큼의 보람 여과없이 담겼다.

감추지 말지어다.
나 모르게 돋는 검버섯 한 점도
덮는다고 가려지지 않는다.
잠시 잠깐 사라질 뿐이다.
쓰리고 아팠던 세월들
어쩌다 그냥 지나친 작은 간이역 하나도
무심코 지나서는 안된다.
모두 다 수고로 만들어낸 추억의 편린들

저마다 영롱한 진주로 빚어져
배려로 지나칠 고마움의 역마다
찬란한 조명되어 빛날테니까.

가을 서곡

– 춤추는 유등천에서

강아지풀 보시시 얼굴 부비며
푸른 오르간 매만지고
버드나무 긴 생머리
바람 강가에 빠트리며
가을 해금을 탄다
웃자란 키 속에 갇혀
배시시 얼굴 디민 억새풀
무엇이 그리 좋은지
서로 엉켜 백댄서가 되어간다
숨쉬기 조차 어렵던 폭격 더위
내리 퍼붓던
맹렬한 여름 불볕 대포
강바람 서곡에 사르르
당긴 방아쇠 내려놓는다.
가을 빛 쪼는 물 위로
외롭게 서 있던
왜가리 한 마리
머쓱한 지 한 쪽 발
살며시 감아올리며
솟은 바윗돌 위에서

멋진 발레리나가 된다
가을 공연에 한껏 신이 난 유등천
물살마저 몸 떨며 흐르는데
오랜만에 풀벌레 합주 소리
걷는 이 뛰는 이 발길에도
신선한 가을 선율 묻어난다

낙엽비 쏟아지는 유등천에서

– 파크골프를 하며…

한치 앞도 헤아려 볼 수 없는
광활한 내 인생의 공원
어디일지 그 끝조차 알 수 없는
가파른 허공의 세계로
딱딱 파열음 내지르며
매력있게 날아오른 골프공
멋드러진 낙엽비
홍건히 쏟아져내리는
아름다운 천변에서
늦가을과 한판 승부 벌이느라
행복한 땀방울 흘리고 있다.

우거진 갈대숲 비집고
우르르 몰려다니는 낙엽
분에 넘친 내 갤러리되어
생애 첫 번째 맛 본 이글 찬스에
아낌없는 박수까지 보내며
단풍 이파리 추켜세운다.
아, 이리도 넉넉한 홈 파크
왜 이제야 내 친구 되었니

결코 넘치지도
부족도 없는 이 행복감
허탈한 내 인생의 터닝포인트를
파크골프와 어우러져
소소하게 돌고 싶다.

쑥버무리를 추억하다

언제부턴가 쑥사랑에 빠졌다.
나이가 먹은 증거일까
끈질긴 생명력으로 봄 언덕에서
제일 먼저 날 유혹시킨다.

공동운명체랄까
크게 부정 하지 않는다.
귀히 여겨 주지도 않고
사랑 받을만큼 빼어나지도 못하고
희대의 명기 장록수도 아닌 바에야
그 쑥향 왜 날 매료시키는가
근사한 비밀은 다른데 있었다.
엄마의 쑥버무리 맛

정확하진 않아도
그건 그리움이다.
그게 고향의 몸살이다.
내가 엄마 되어 그 나이를 사노라니
쑥버무리 쑥대머리 봄과 어우러져

뭔가 그립고 부족한 듯 할 때
그리움의 눈물로 한숨으로 버무려지는 야릇한 그 맛
지금 그 맛에 내가 반해 있다.

꿈꾸는 호박마마

별빛으로도
달빛으로도
널 보듬을 수 없고
품어줄 수도 없는데

야속한 불볕더위는
목마름에 허우적인 너에게
쉼 없는 불화살만 쏘아 댔다.

위로마저 잃어버린 희미한 수은등
물 한모금 적시지 못한
만삭의 임산부에게
은밀히 마련한 힐링처

먹감나무 등걸 새로
감추이고 숨겨온 복대
이를 어떡하나
홀랑 빠져버린 보름달만한 배

매미 울음 자지러지고
잠자리 떼 정처없이 헤매는 날
콩닥콩닥 하늘 사다리 타고
금빛 찬란한 해먹을 걸었다.

둥실둥실
구름 그네여라.
바람 그네여라.
쉬고 싶은 자 모두 행복한
너는 꿈꾸는 해먹이다.

작설차 한 잔 곁에 두고

차밭이 통째로 들어온다.
다랭이마다 스쳐 앉은 옥로
삶에서 무시했던 이 녹향
하룻밤 자고오니 듬뿍 정이 들어버렸다.

겨우내 몸살 앓았던 여린 햇찻잎
곡우가 지나 피지 않은 어린 찻잎
똑똑 따서 만든 사월의 세작차
내 미각에 철저히 배제된 그 참맛
오늘에야 연민이 간다.

다랭이 다랭이 쉽게 스쳐지나 온
초록 바람 걸작품 작설차
오늘 연록의 찻잔에 담겨
득량만 바닷물까지 철썩이며
가슴 가득 추억으로 넘쳐오른다.

나신

– 유등천 겨울 버드나무

은빛 살얼음 채 녹기도 전에
살가운 바람그네 밀며
유등천 살짝 더듬으며
나긋나긋 요염한 춤사위로
군침 삼키게 한 죄 잊을 리 없지.
연둣빛 머리칼 풀어헤치고
은밀히 동여맨 치마끈 늦구며
유혹의 손길 뻗힌 죄
설마 기억 못할 리 없겠고

동장군 꽃눈 뿌려대던 날
드디어 본색 드러내며
얼어붙은 돌다리 사이마다
겹겹이 숨겨뒀던 화려한 유혹
민낯에 단단히 무릎 꿇고 말았다.
괘씸죄에 극형이 더해졌지만
늦게나마 실오라기 하나 안 걸치고
상흔에 부대꼈을 진솔한 삶의 조각
멍울져 아픈 그 자리에 모조리 벗어놓았다.

봄바람의 러브레터

봄바람이 허겁지겁 달려와
버드나무 아래서
쭈그리고 앉아
정성스레 손편지를 씁니다

작년에 오롯이 벗어놓은
빛바랜 외투 깔고 앉아
연둣빛 물감 새로 개켜
긴머리도 빗질해 줍니다

봄바람이 품속으로 파고들며
사랑의 씨앗을 틔우려
발없는 꽃가루 심장 깨워
대지와 입맞춤도 시작합니다

아직 기지개 켜지 못하는
꽃망울 간지럽히며
숨가쁜 걸음걸이로 달려와
깨알같은 러브레터를 씁니다

그대 웃는 눈빛으로 날 보내주오

멋드러진 가로수 수채화로 펼쳐놓고
은행잎 흐드러진 로맨틱 거리에서
이 가을 그대와 이별식을 갖고 싶다.
세상에서 아름다운 게
어찌 만남뿐이랴.
만남보다 더 멋지게 그댈 놓아준다면
기약 없는 이별이라도
슬프지만은 않으리라.

질펀하게 추억 깔린 보도 위로
이별의 서곡 잔잔히 울릴때면
낙엽비 쏟아지는 낭만의 거리에서
화려한 면사포 곱게 내리덮고
샛노란 카펫 폭신폭신 밟으며
그대 곁 미련없이 떠나리라.
지상에서 가장 멋진 이별의 시 품고
가을이 들려주는 이별 노래 들으며
그대 웃는 눈빛으로 뜨겁게 날 보내주오.

솔고드름

네게도 손이 있었니
길고 뾰족한 손등으로
눈송이를 꼬옥 보듬고 있다.
세붓으로
눈그림 그리다가
가지 위에 학을 빚어
엇갈린 가지 위에 둥지도 틀었다

하이얀 둥지 위에
포근히 찾아든 새하얀 학들
밤새 가족들 껴안고
손사래를 치고 있다.
잎사귀 끝에 매달아 놓은 솔고드름
두 다리 살짝 살짝 꼬며
왈츠를 추고 있다.

반짝이는 유리 드레스에
눈부신 보석 달고
호두까기 인형이다가
백조의 호수 되어

아 눈부시구나
찬란하구나.

유등천 스케치

봄길에 나서니 눈부시게 하늘이 곱다
창조주 섭리를 느껴보는 순간
이 섭리가 봄길 위에 찬란히 쏟아진다.
아무에게도 예속받지 않은 이 대자연 앞에
혼자서 시간의 강을 건넌다.
가만히 그 자리에 서 있기만 해도
그대로 아름다운 그림이 되는 유등천
제비꽃 애처롭게 모여 앉아
천변이 더욱 포근하다
화사한 벚꽃 자락에
흩어져 내리는 꽃눈 맞으며
연둣빛 머리칼 쓸어내리는 버들
또한 장관이다.
낮으면 낮은대로
굽으면 굽은대로 불평 않고
순리 지키며 살아가는 유등천
그대에게 영광 있으라.
꽃구름 무더기로 나부끼며
초록 윤기 도는 풀들마저 아름다워라.

좁은 풀들 비집고
저마다 예쁜 풀꽃 매달아 논
꽃다지 냉이꽃 민들레
천변 평화롭게 쪼고 있는
다정한 비둘기들
새하얀 싸리꽃 입에 물고
힘껏 손 흔들어주는 유등천

아픔으로 출렁이던 사월 호반

사월은 내내 아픔이었다
슬픔에서 벗어나라고
너무 쉽게 말하지 마라.
사월이 잔인한 줄은 알고 있지만
올 사월은 극심한 몸살통까지 동반하며
세상까지 옴짝달싹 못하게 하고 있다.

모든 꽃들이 웃고 피어 난다해서
아프지 않은 게 아니다.
웃음 뒷자락에 들추어내지 못한
말 못할 슬픔의 골을 볼 줄 알아야 한다.
누구나 억울하지 않으려고 발버둥 치지만
슬픔은 역시 공통분모이다.

헤아릴 수 없는 슬픔의 세월
무시무시한 뻘 속에 파묻혀
꿈쩍도 할 수 없었던 세월호
슬픔까지는 다 인양되지 못한 채
천신만고 끝에 찾아온 우리의 곁
슬픔의 시간은 아직 멍울에 가득하다

모두가 슬플 수밖에 없었던 사월
우리는 함께 조현병을 앓아왔다
대체 무얼 잘못했는지 조차 모르고
억울함에만 치를 떨며 진실을 저당 잡힌
어느 부도덕한 영혼을 보라

더는 진실을 침잠시켜선 안된다.
진실은 반드시 인양시켜야 한다.
너무도 찬란한 사월 아름다운 충주호에서
나도 몰래 흘러나오는 뜨거운 분노
서둘러 눈물 닦지 않고 흐르게 둘 것이다.
아픔과 설움 서로서로 공유 하다보면
함께 가는 인생 길 더욱더 아름다우리니…

춤추는 버드나무

살랑살랑
바람 그네
속살보다 더 보드란
명주실 자아내어
애기 떡잎보다 앙징스런
무용복 입혀줬네
땅끝까지 철렁철렁
머리칼 풀어놓고
밤마다 허공 맴돌며
서글픈 유혹 서성대는
보카지역을 넘나든다
세상에서 가장 아름다운
몸으로 쓰는 시
불타는 탱고로 온몸 태우는
너는 춤추는 봄의 여신.
걷잡을 수 없이 휘몰아치는
숨막히는 격정이다

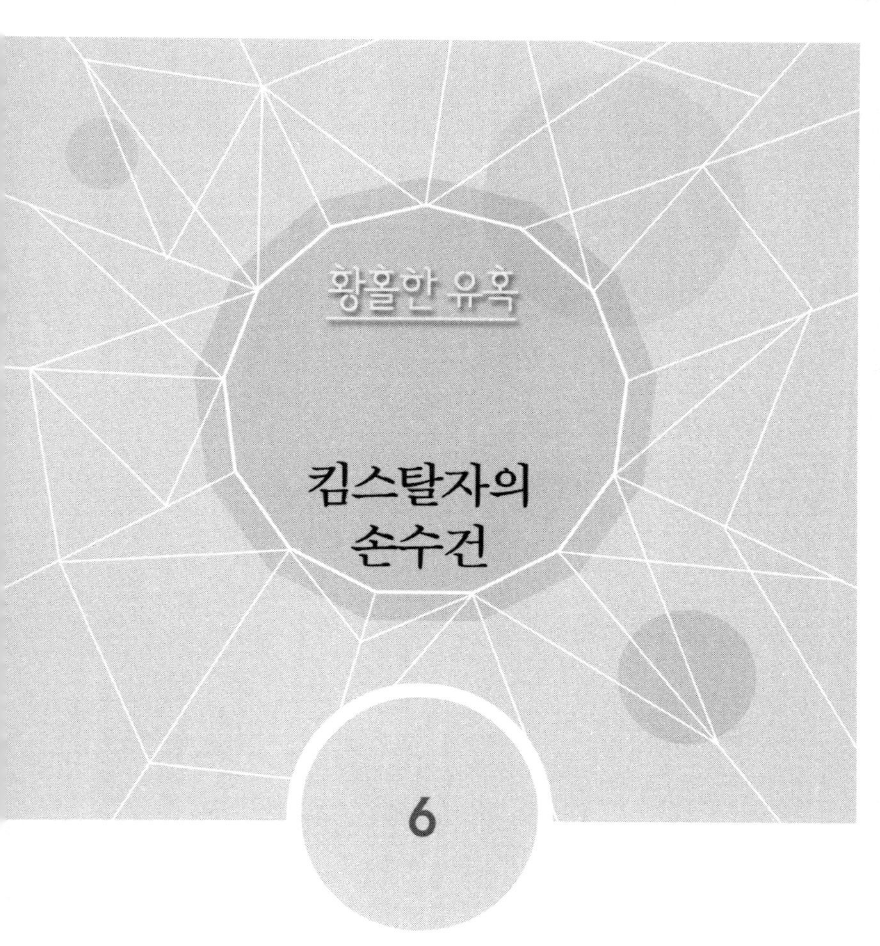

황홀한 유혹

킴스탈자의 손수건

6

온통 그리움이었다.
꼬깃꼬깃 겹쳐진 보고픔이었다.
생각만해도 와락 눈물이었다.

칠월의 참나리

숯불처럼 이글거리는 태양
겁도 없이 집어삼키고
토해낼 수조차 없는 몸부림
혼자 묵묵히 견디어 낸 사랑의 불사조
모진 세월 내겐 아직 할 말이 남았습니다.

모두가 두문불출하고
마주본 공간 속 그대를 보고서도
잔인하게 말조차 꺼내볼 수 없었던 지난 날
칠월엔 온통 사랑의 열병을 앓았습니다.

붉은 열꽃 송알송알 솟아오르고
끝내 터트리지 못한 그리움
바닥난 내 열정의 소용돌이는
가냘픈 검은 콩 사다리에 몸 기댄 채
허공 향해 기어이 큐피트 화살을 쏘았습니다.

킴스탈자의 손수건

온통 그리움이었다.
꼬깃꼬깃 겹쳐진 보고픔이었다.
생각만해도 와락 눈물이었다.
터져나온 건 한숨 뿐
앳된 젊음이 넘기엔 너무 모진 눈물강

뜬눈으로 적어보낸 깨알 편지
베갯잇 흥건히 적시던 슬픈 해원
손가락 마디마다 옹이가 돋고
엎치락 뒤치락 서럽고 긴 밤
매일 내가 갇혀 울던 황홀한 감옥

보고픔의 끝은 어디이던가
눈물도 고갈되어 만신창 되고
한숨마저 동이 난 설운 젊음
허공까지 뒤덮인 암담한 고통
검은 기미마저 삼키고 말았구나

꽁꽁 싸매둔
킴스탈자의 손수건

다시금 눈물이 될까봐
또다시 서러움 복받칠까봐
피몸살 앓던 내 마음속 아토피
언제쯤 말간 살결로 얼굴 부빌 수 있을가.

* 킴스탈자 : '노스탈자의 손수건'을 자신의 처지에 비유해 김씨로 빗대어 그리 명명함.

내 인생의 봄날

아무도
손 내밀어주지 않은
열정 머금은 질경이
생명의 노래 멈추지 않았다.

누구도
솜털 하나 던져주지 않았지만
보송보송 알 보듬고
젖은 둥지 말려주는 봄햇살

아무도
창문 내어 주지 않았건만
한 치 원망도 없이
소담한 봄빛 고루 쏟아붓고 있다.

겨우내
웅크리며 숨죽였던 베란다
동장군과 치열한 씨름 후에도
눈부신 봄꽃 몽알몽알 뭉쳤구나.

내 인생
굽이굽이 흘렀던 질곡의 세월
그저 고마움의 눈물되어
감미롭고 질척한 봄비로 쏟아진다.

마음을 열라

— 개심사

뿌우연 안개 너머로
쭈욱 뻗은 노송 숲
돌고 도는 돌계단에
이름 모를 발자욱들
토닥토닥 떨어지는 빗방울에
오월이 튕긴다.

인고의 세월
말없이 견딘 외나무 다리
연둣빛 능수버들
그리움으로 출렁이고
터트릴 듯 봉긋 내민
겹살구 꽃망울
수줍은 봄아씨처럼
봄비에 더욱 곱다.

의자왕 숨결인양
맞배 지붕 개심사
천년 세월 침묵으로 살아와

마음을 열라는 부처의 가르침
귓전에 머무는 경내

올해도 소리없이
모란은 피고지고
대웅전 뜨락
살포시 밟고 탑돌이 하는
연인들 환한 미소
봄비 속에 더욱 소담하다

회춘

숨을 쉰다 해서
살고 있는게 아니다.
움직인다 해서
살고 있다 할 수 없다
가치가 동반돼야 한다

가슴 통통 뛰는
희망이 춤을 추고
폐부 깊숙이
욕구가 샘솟아야 한다
기쁨과 희망이
방망이질 치는 순간
비로소 내가 살고 있는 것이다.

동침이 시들해졌던
내 사랑의 침대에도
오늘에야 분홍 꽃베개가 놓여졌다.
웃음도 메말라 가고
그리움마저 식어
각방을 써오던 안방에

볼그레 생기가 돌았다.
영영 풀지 않을 것 같던 조여진 치마끈에
탱탱한 꽃사과가 가슴을 먼저 풀었다.

낙엽 깔리는 밤

샛노란 갈잎들이
이산의 아픔에 멍울져 눕더니
한꺼번에 얼싸안고
그립던 얼굴 부벼대는
이슥한 가을 저녁
차가운 달그림자 너머로
아스라이 미소 머금은
아름다운 그대 발자국
수북수북 발길에 채인 가을 밤
침묵의 긴 시간 살며시 되뇌어 봅니다.

깨알같이 수많은 사연들 내 영혼에
간직할 수 있게 해 준 아름다운 그대
방황과 절망의 늪 속에서
안개처럼 바르르 떨고 있던 마음
사랑의 의미로 가득 채워준 그대여
그리워 흘리던 눈물방울들
이내 눈가의 호수되어
낙엽 깔린 이 밤 고요히 일렁입니다.

붉은 목젖 타고 흐르며
꽃빛으로 물들던 고독한 내 영혼
마음 속 실핏줄까지 엉키고 엉키어
함께 뒹굴다
밤새 그리움과 뒤섞여
쓰리고 아파 멍든 갈피 하나까지
한 켜 남김없이
부시고 밟으며 허공으로 날립니다.

이제 내 인생의 가을엔
한조각 원망도 미움도 남길 수 없습니다.
황홀한 고독마저 고요히 잠재우며
내 마음 두두룩 추억 낙엽만 깔립니다.
오늘처럼 아름다운 가을 밤
곱게 비추이는 영혼의 호수 위에
나도 불타오르는 꽃단풍 되어
사랑하는 그대 가슴에 깔리고 싶습니다.

가을 러브레터

— 고운 식물원

가려던 발길
뚝 멈춰서서
목 빼고 기다리던 님
오늘 안 보곤 못살겠더이다
꽃빛어린 물그림자로
그대 곁에 서성이고 싶어
무작정 발길 내딛습니다.
짓밟혀 아픈 잎사귀 떨구던
심술꾼 차바의 발길에도
눈하나 깜짝하지 않았습니다.

소쩍새 울어댈 적마다
산구절초 한 움큼씩 피워내느라
노래마저 잊고 살던 날
너른 잔디 광장 에워싸며
고운 산자락 휘휘 돌던 돌개바람
억새 춤사위에 하얗게 하얗게
목마저 쉬어 버렸습니다.

이만하면 그대 누일
시월 꽃단풍 이불
너무 너무 곱더이다.
이만하면 향그러운
시월 꽃향 내음
너무도 황홀하더이다
내친 발길 뚝 멈춰서서
이 꽃길 뒹굴며 가소서.

사랑이 움트는 고운 식물원

고운 햇살 꽃구름
함께 머문 하늘정원
잎새 고운 산자락에
휘파람새 놀다가고
능선따라 휘감긴 꽃길
행복 꽃수로 놓여져라.

그리운 이 어깨 맞대고
추억 빛 물들이면
가녀린 야생초 이야기
가슴마다 담기리라.
꽃심 시심에 취해버릴
지상의 무릉도원이여.

애환서린 뜨락마다
요동치는 영혼의 고뇌
거룩한 땀 얼룩진 산기슭에
넘쳐나는 생명의 노래들
아! 아름다움의 끝없는 사원
그대 고운 식물원이여!

| 김숙자 시인 약력 |

* 전남 곡성 출생　호 : 청림
* 충남대학교 교육대학원 졸업 (교육 석사)
* 한남대학교 대학원 졸업 (교육학 박사)
* 초등학교 교사, 교감, 교장 역임
* 천안청룡초등학교장 정년퇴임
* 황조 근정훈장 수상
* 월간문학 동시 신인상 수상
* 월간 문학 동시 신인상 수상
* 대전일보 신춘문예 동시 당선
* 한국 아동문학회 이사 및 운영 위원
* 대전 여성문학회장 역임
* 한국아동문학연구회 충남지회장
* 한국 시사랑 '글마중' 회장
* 대전문학상 수상
* 대전일보문학상 수상
* 박경종 아동문학상 수상
* 한.중 옹달샘 아동문학상
* 한국아동문학작가상 수상
* 문학사랑 인터넷문학상

동시집

* 제 1 동시집(1991) : 모시울에 부는 바람
* 제 2 동시집(2002) : 갯마을에서 띄우는 노래
* 제 3 동시집(2004) : 달님마저 반해버린 야생화
* 제 4 동시집(2010) : 행복을 굴리는 아이들
* 제 5 동시집(2014) : 꼬꼬맙시들의 행복한 날갯짓
* 제 6 동시집(2016) : 청개구리 우편함
* 제 7 동시집(2017) : 봄바람의 손편지

시집

* 제 1 시집(2001) : 비울수록 채워지는 향기
* 제 2 시집(2009) : 낮음, 그래서 더 고운 영혼
* 제 3 시집(2009) : 마틸다의 기도
* 제 4 시집(2012) : 사람사랑 행복 방정식
* 제 5 시집(2017) : 황홀한 유혹
* 공저 시집(2015) : 쥐불놀이, 시사랑 마중녀들

수필집

* 기행 수필집(2008) : 내 영혼을 불사른 달콤한 중남미 문명

자기계발서

* 자기계발서(2014) : 시련은 아무에게나 꽃이 되지 않는다

교육서

* 교육연구서(2011) : 현대 아동 시 창작 교육

■ 에필로그

‘황홀한 그 유혹’ 들이 나를 춤추게 한다

암담하기 그지 없었던 젊은 날! 내겐 너무 가혹한 형벌이었다.

삶이 무언지조차 모르고 무작정 뛰어들었던 결혼이라는 황홀한 감옥!

그건 젊음이 건널 강이 못되었다. 아니 혼자서 울며불며 넘어야 할 산도 아니었다. 그건 처절하리만큼 황망하고 칠흑 같은 광야였다. 앳된 젊음이 홀로 걸어야하는 그 광야는 가도 가도 끝도 없는 고독의 강이었다. 아마도 그때 내가 흘려보낸 피눈물이 섬진강의 절반쯤이었다고 말한다면 너무 과장일까?

그래도 난 어쩔 수 없다. 숨어서 내가 남모르게 흘려낸 눈물의 양이 그보다 훨씬 더 넘쳤을 것이라 느꼈기 때문이다. 지금 생각해보니 그 땐 앞도 뒤도 보이지 않는 광활하기 이를데 없는 광야에 겁도 없이 홀로 뛰어들었다. 따뜻이 손 잡아줄 그 아무도 없는 쓸쓸하고 외로운 주님의 길, 그 광야를 도망치지 않고 걷고 또 걸었던 것이다. 앳된 젊음, 꽃다운 삼십 대가 혼자 울며 넘기엔 너무 끝도 안 보이는 그 외로운 광야를 홀로 걸었던 것이다.

그땐 그 길이 내게 내려진 가혹한 형벌인 줄 몰랐다. ‘나 다운 나’를 만들어내기 위한 작업인 줄도 몰랐다. 그랬기에 젊은 얼굴에 기미가 뒤범벅 되도록 혼자 자학하며 울부짖기도 했다.

어떤 출구도 딱히 보이지 않았다. 그러나 강산도 변모시킨다는 내게 선생님이 되어준 세월! 그 세월이 광야의 외로운 글 감옥에 간혀 혼자 울고 웃으며 나를 단련시켰던 것이다. 그 견디기 힘든 참담한 시간들을 이겨내자 많은 시련과 고통들은 내게 너무도 아름다운 꽃과 열매를 매달아 주기 시작했다. 시련의 강물이 물밀듯이 흘러가고 내게 굴레였던 약점들이 서서히 강점으로 바뀌어갔다. 있는대로 자존심을 뭉개주었던 시간들은 다시 날 단단하게 만들었고, 급기야는 나를 철들게 했다. 내게 영혼으로 다가갈 수 있는 안목도 안겨주었다. 그간 내게 내렸던 무서리와 무서운 형벌들이 이제 나에게 '황홀한 유혹'으로 탈바꿈되어 다시 찾아왔다. '모시울에 부는 바람'으로 '갯마을에서 띄우는 노래'로 '예쁜이가 내다본 세상'으로 '비울수록 채워지는 향기'로 '낮음, 그래서 더 고운 영혼'으로 '사람사랑 행복방정식'을 도출해내기 까지 꽤나 긴 시간의 강을 건너야 했다. 이제사 그것이 나를 찾고 다듬었던 소중한 시간들이었음을 오늘에사 고백한다. 더 감사한 것은 내가 교육자였기에 그래도 슬기롭게 그 시련을 감내하지 않았나 싶다. 기약 없는 이별로 세상에 홀로 나뒹굴 수박에 없었던 그 침묵의 세월들은 나에게 세상을 향해 '시련은 아무에게나 꽃이 되지 않는다.'는 '자기계발서'도 내놓게 했다. 그중에서 더 감사할 것은 이제까지의 나를 충실히 지켜주고 나를 버티게 했던 탈출구! 그건 시라는 '황홀한 감옥'을 집행유예 기간까지 충실히 잘 살아냈기 때문에 다가온 행복이다. 울며 불며 불안한 나날을 치열하게 지탱해 주었던 그 황홀한 유혹! 그 캄캄한 굴레 끝도 없는 광야에서 서서히 나의 영혼을 되찾을 수 있었던 아름다운 유혹들! 그 시를 내가 가슴에 친구로 품지 않았더라면 내 인생의 봄날은 결코 오지 않았을 것이다. 눈물나게 나를 찾기에 흘려보냈던 시간들, 나를 지탱하기 위해 끈질기게 버텼던 면학의 시간들, 홀로 방황의 강을 건너던 그 신선한 충격들이 오늘 이 '황홀한 유혹'으로 내게 다가와 아름다움의 선물로 존재 했었기에 가능했음을 고백해본다.

난 지금 세상 어느 누구보다 행복하다. 슬픔을 간직한 이들에게 기쁨이 될 수만 있다면 누구 앞에서라도 덩실덩실 행복한 '시의 춤'을 출 수 있다. 앞으로도 이 행복한 가슴으로 많은 사람들의 눈물을 따뜻이 닦아줄 것이다.

아울러 시의 동반자로 곁에서 남은 미래를 든든하고 아름답게 받쳐줄 낭군 이준희 시인께 한없는 애정을 보내며, 가까운 곁에서 언제나 소소한 즐거움으로 우릴 미소 짓게하는 사랑하는 가족에게 먼저 감사함을 전한다.

시인 딸을 낳아주신 구십 육세 오재순 내 어머니, 우리 정든 오남매, 그리고 딸 수빈, 사위 재호, 아들 용혁, 자부 남희, 손주 아정, 호란, 휘택, 휘린에게 한없는 사랑을 보내며 지금도 인문학과 동행하며 행복한 시 창작수업에 즐거움을 더해주는 글마중 회원들과 시를 사랑하는 내 애독자들, 그리고 살아갈수록 애착을 느끼는 여러 문학 동아리 문우들에게도 심심한 감사의 인사를 함께 전한다.

2017. 8. 시인 김 숙 자

황홀한 유혹

김숙자 시집

발 행 일 | 2017년 8월 10일
지 은 이 | 김숙자
발 행 인 | 李憲錫
발 행 처 | 오늘의문학사
출판등록 | 제55호(1993년 6월 23일)
주 소 | 대전광역시 동구 대전로 867번길 52(한밭오피스텔 401호)
전화번호 | (042)624-2980
팩시밀리 | (042)628-2983
전자우편 | hs2980@hanmail.net
카 페 | cafe.daum.net/gljang(문학사랑 글짱들)
cafe.daum.net/art-i-ma(아트매거진)

공 급 처 | 한국출판협동조합
주문전화 | (070)7119-1752
팩시밀리 | (031)944-8234~6

ISBN 978-89-5669-838-0
값 9,000원

* 이 책은 교보문고에서 E-Book(전자책)으로 제작 · 판매합니다.

* 잘못 제작된 책은 바꾸어 드립니다.